Grog

L'isolement

Grog

L'isolement

Pascal APOLLON

À Gauss Galvani

À SLAM H

À tous ceux qui s'isolent pour une raison ou sans raison.

Comprendre ce que cela signifie

vivre en marge de la société

être désocialisé

ou simplement vivre autrement

Entre douleur terrible et réalité poétique
dans ces lieux maudits
je pue grave

Vagues déchaînées
dans mes nuits
je dors
avec les yeux ouverts
chez moi
dans ces lieux sales
poussiéreux et maudits

J'ai la tête en feu
j'ai la tête d'une lampe à pétrole
c'est décoratif
c'est surréaliste
c'est aussi horrible et diabolique
j'ai une tête en guerre

Je pue l'alcool
le dur grog de voix rauque
je me soûle grave
pour rentrer tard le noir matin
polaire
dans les draps des trottoirs
comme un ours
polaire

Bourré comme un pochard
je suis nostalgique
je me noie
comme jamais
dans ma vie de chien mort

Je pue grave
comme un vétiver
la verveine scandaleuse
plus que la misère
entre les cuisses

Le long du boulevard

Je marche sur le long du boulevard
boulevard noir
glacé
dans les méandres des opportunités
des réalités venimeuses
dans un silence lointain
profond
interminable
sur la surface du temps

Je marche sur le long de ce boulevard
infini
dans les reflets déformés de mon ombre
dans les flaques
les lumières de vingt heures
de boites de nuit
de voitures alignées

J'ai dans les jambes
tous les coups de minuits
de l'église catholique
elles sont terriblement lourdes
comme les plombs d'un esclave
moderne
prolétaire

Je me livre à moi-même

Je me livre à l'incertain
au maintenant
et ma douleur perpétuelle
dans mes soirées terribles
à la belle étoile
entre Jazz et musique classique
dans un vieux gramophone
en couleur masquée
entre Grog et bon vieux vin
Je suis une guildive ambulante

Je passe voir dans les bistrots
des lumières de gaieté
après
un coin sombre pour écrire
une douleur de grand-rue
de la foule je veux dire

Si tu croises mon sourire dans ces rues
ce sera celui d'un clochard malade
nomade
errant comme un vautour
dans ces bois perdus

Je vis comme ça
au quotidien

Je vois des gens respectables
avec smoking
bien chics dans des voitures luxueuses
chefs d'entreprise
riches
retraités
ils ont rendez-vous
sur rendez-vous
empilés

Moi
je ne suis qu'un sac
que personne ne veut porter
un invisible
aux bords des routes
un vieux mort
raide
désocialisé

Ton fils passe de l'autre côté de la route
j'ai le choléra
personne ne me serre la main
j'ai des bactéries
personne ne boit dans mon verre
j'ai la tuberculose

Ma musique

Do mi fa
sol maudit
do mi fa
la misère
ma musique est bloquée
sous la glace arctique

Je suis le squelette ambulant
la momie
la laideur
qui fait peur aux enfants
aux dames et demoiselles

J'ai une misère musicale
une douleur de notes cassées
sombre
triste
terne

Do de malchance
ré de persécution
mi de misère noire de tâche de ciel noir
la musique envoûtante
de voix terrible
horrible
comme un silence mortel
d'un cimetière inondé
avec des morts flottant
en bateau
en vacances d'été

Ma musique
c'est un décor d'halloween
de *guédé*
elle est noire
elle tombe en tic tac résonnant

Ma musique
elle est résonance de cris des profondeurs
les esprits de chez nous
les loas de nos terres lointaines
d'Afrique
petro
congo
rada
esprit chaud
esprit froid

Ma musique nègre
africaine
elle trébuche et se redresse
dans un play-back percutant

Je vis entre jazz et musique classique
entre tambour et bambou de Léogane
je vis entre alcool et joints poétiques parfumés
Mégots

Mégots
nuits blanches bénies
mains levées
j'ai du sang sur les doigts

Je tue des rêves d'avenir sombre
au quotidien
mieux que la vie
mieux que cette vie
le rêve de vivre un immortel silence

Je fumerai dans la foule des tonnes de folies
je danserai moi ce fou
sur un fil
comme un funambule

Ma musique
c'est un ton faux
d'un vieux crâne troué
elle n'est que rire incertain

Et l'homme
Entre naissance et mort

Je déclare ouvertement
mon offense
c'est ma naissance

Mes excuses seigneur

Périple et ligne brisée
ma vie marche sur des mines invisibles
et
mon corps ce lâche soldat
ce fardeau
qui part en mille morceaux

Ici-bas
dans ce monde des vivants
l'homme est intelligence immortelle
il est engrais aussi

Le riche et le pauvre
ils enrichissent le sol
sans parler de couleur
de rang
de classe
d'étude
et de nom

Ma douleur

J'ai la bouche noircie
et les yeux blanchis
j'ai un bidonville dans la tête

Ma douleur
douce comme la peau d'une femme fraîche
en boîte de nuit
douce soirée sans capote
comme un test de dépistage
à la recherche d'anticorps

Je vais rire
comme un fou
quand dans ma bouteille
je mélangerai vin et liqueur

Ma douleur est sauvage
comme les claques de grand père
ou d'un sadique
dans la chambre d'à coté
infligées aux pauvres fesses
des enfants
des adultes en chaleur

J'ai dans les yeux
mille regards innocents
mille regards démoniaques
comme tout le monde
je vais voyager
en train et bus
je vais manger et boire
je vais voir
partir
je vais jouir seul
sans faire semblant
comme jamais

Je vais haïr quelqu'un
un de ces jours
le mal
ou l'injustice
je vais aimer le silence
mon silence de vingt-quatre heures
mortel
éternel

Si je dois fumer mes mots
mon dégagement spirituel doit être mortel

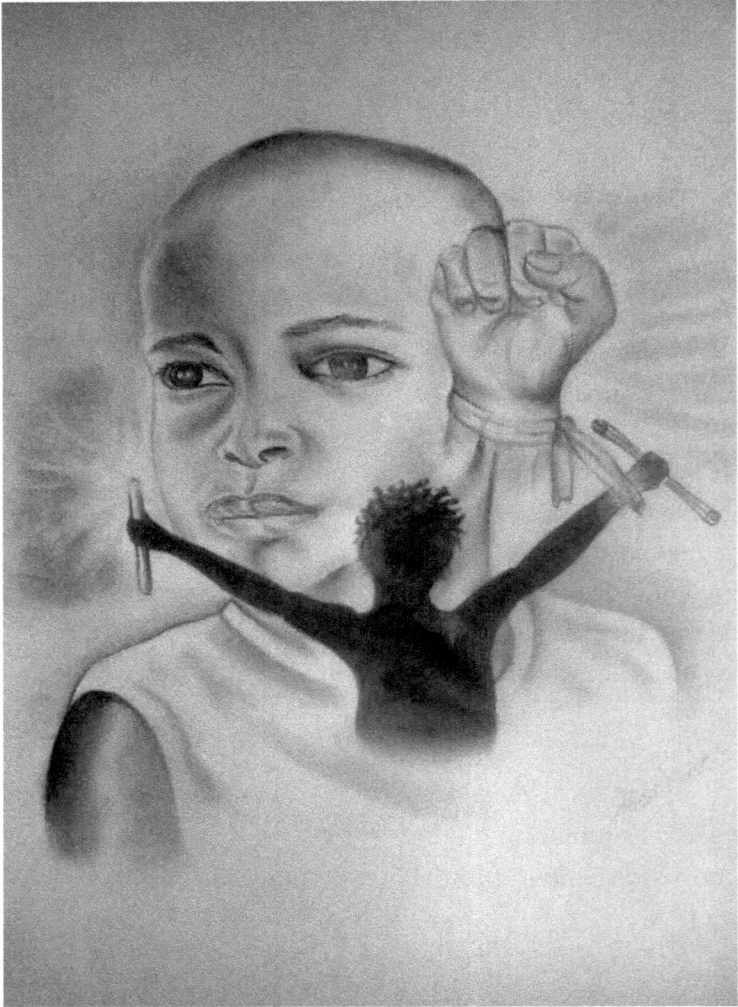

Dégoûts

Il pleut là dehors
et je déteste ça

Je déteste le maquillage de l'église
j'ai arrêté mes prières
pour soupirer
Ô grand maître
j'ai la sale vie d'un esclave
perdu dans la routine
j'ai l'impression de vivre trop
de vivre deux fois
trois fois et plus
de vivre avec redites
avec trop de répétitions vaines
je prends les mêmes bains
je dis les mêmes bonjours
j'ai les mêmes dents gâtées
les mêmes vers dans mes selles
mais c'est beau de revivre quand même
en espérant mieux au quotidien

Il pleut très fort dehors
sur les toits
c'est un *trapkatap* à répétition

La rue n'est pas pour les saints
la rue se rue sur les innocents
les passants lubriques
les pasteurs et prêtres
ils tournent comme par magie
leurs regards
en disant
  - Dieu est grand
 quand ils sont mouillés
par cette pluie de femmes canons
fesses bombées monstrueusement

Il pleut des politicards
là dehors
des charlatans arrivistes
extrémistes rares de l'ère de la politique du pire

Il pleut des partis
des politiques
des partisans politiques
apolitiques et comiques

Il pleut très fort dehors
sur les toits
c'est un *trapkatap* à répétition
et je déteste ça

Nuit froide et douleur poétique

J'écris tard le soir
avec le noir des yeux
ou vers deux heures
quand il fait froid
comme ce matin timide

La nuit c'est un crépitement
c'est une respiration dans la chambre d'à côté
ou une inspiration froide
profonde
celle d'un poète fou assoiffé de satisfaction illusoire

Mon lit
c'est mon œuvre
mon sommeil
c'est une rêverie

Comme un mort glacé
dans son tiroir
j'ai des mots froids
et des neiges sur la conscience
à quelques kilomètres

La nuit nue
comme un ver
nu
dans mon verre
quand elle danse
avec ses étoiles
sous les yeux d'un poète
fou
cette strip-teaseuse
excentrique
 étoilée

Seul dans la foule
je roule pieds nus
les orteils annulés
avec un pied d'athlète

Bloqué dans l'ascenseur social
je suis le raté
le taré
le plus gros peut-être
l'exemple parfait de l'échec
de la honte
ma vie est une opérette

Je pars comme je pars
pour nulle part
ma vie
c'est un rire lointain
jaune
un cauchemar de jugement dernier

La nuit
je roule à quelques kilomètres
dans les profondeurs inconnues
comme un ciel inondé

Je roule à quelques kilomètres
  pour la vie
  pour la mort
comme un vieux fou affolé
  près d'une cave à moitié enterrée

J'ai un cancer
j'ai une tumeur
J'ai la rage de chien à quelques kilomètres

Je suis un schéma sans couleur
tracé dans le vent
à l'envers
dans l'hiver qui neige
je suis un clochard de Banlieue
un clodo misérable
je me vois passer dans la nuit glaciale
zonant à quelques kilomètres

Dans mon corps
dans cette dépouille
 j'ai des lumières autour des veines
des veines vaines
des veines caves
conçues pour un câblage parfait
idéalement parfait

À quelques kilomètres
une cellule est cancéreuse
un organe est dangereux pour mon corps
une tumeur s'installe dans ma tête
oh mon Dieu !
Et
je suis inopérable
tu vois

Quand la nuit me frappe
quand mes démons me persécutent
quand ça parle de bidonville dans la tête
de cauchemar en sang
je pense à elle
je pense à son sourire
je pense à son regard
mais elle n'est pas là
malgré son corps dans mes bras
elle est à quelques kilomètres

Le kilométrage est le nombre de coups sur les joues
le nombre de fois où le sommeil fut impossible
le kilométrage est l'histoire réelle
cachée au plus profond des océans
à quelques kilomètres

Ma vie ne chante que les feuilles d'hiver
Je vis l'enfer au quotidien

Je pars dans la nuit
comme un crachat en l'air
tombé sur un nez de clown
et je vais bien comme ça

Tire si tu veux
et mitraille moi
avec un uzi
Pour avoir dénoncé le mal
je danserai le breakdance
de nos cauchemars
avant de m'allonger brutalement
sur mon sol
chez moi
en Haïti

Si le diable un jour
m'acclame
avec un sourire jaune
je saurai enfin que
l'enfer n'est pas loin

L'enfer n'est jamais loin enfin
il est là, dans nos folles passions
nos désirs
nos colères et nos actes

Je ne mérite rien moi
ni l'enfer
ni le paradis

Je suis
comme un filament libre
dans le vent

La vie n'est qu'une victime de l'existence

Si tu voyais ce que je voyais
sous la lune en sang
dans les lueurs endiablées de l'instant
cette magie qui s'éveille
réveillant l'espace
le temps et toute la colère qui s'y cache

Si tu écoutais ce que j'écoutais
cette musicalité infernale dévorant la sensibilité
c'est le diable en transe en smoking
apportant le crépuscule éternel

C'est une histoire toute nue
dansant la tête en bas
une mère en détresse
pleurant la mort de son fils
tué
raide mort
en Syrie

Je ressens
comme
une boule dans la gorge
un mal perpétuel
quand le monde est bombe à retardement

Entre trébuchement poétique et noyade spirituelle
je résume que
la vie n'est qu'une victime de l'existence

Dépôt légal Août 2018

Imprimé en France pour le compte de Z4 Editions

www.ingramcontent.com/pod-product-compliance
Lightning Source LLC
Chambersburg PA
CBHW070110070426
42448CB00038B/2496